BEI GRIN MACHT SICH IHR WISSEN BEZAHLT

- Wir veröffentlichen Ihre Hausarbeit, Bachelor- und Masterarbeit

- Ihr eigenes eBook und Buch - weltweit in allen wichtigen Shops

- Verdienen Sie an jedem Verkauf

Jetzt bei www.GRIN.com hochladen und kostenlos publizieren

Bibliografische Information der Deutschen Nationalbibliothek:

Die Deutsche Bibliothek verzeichnet diese Publikation in der Deutschen Nationalbibliografie; detaillierte bibliografische Daten sind im Internet über http://dnb.d-nb.de/ abrufbar.

Dieses Werk sowie alle darin enthaltenen einzelnen Beiträge und Abbildungen sind urheberrechtlich geschützt. Jede Verwertung, die nicht ausdrücklich vom Urheberrechtsschutz zugelassen ist, bedarf der vorherigen Zustimmung des Verlages. Das gilt insbesondere für Vervielfältigungen, Bearbeitungen, Übersetzungen, Mikroverfilmungen, Auswertungen durch Datenbanken und für die Einspeicherung und Verarbeitung in elektronische Systeme. Alle Rechte, auch die des auszugsweisen Nachdrucks, der fotomechanischen Wiedergabe (einschließlich Mikrokopie) sowie der Auswertung durch Datenbanken oder ähnliche Einrichtungen, vorbehalten.

Impressum:

Copyright © 2011 GRIN Verlag, Open Publishing GmbH
Druck und Bindung: Books on Demand GmbH, Norderstedt Germany
ISBN: 9783668475045

Dieses Buch bei GRIN:

http://www.grin.com/de/e-book/368115/zur-wirkung-von-gewalt-in-computerspielen-eine-zusammenfassende-darstellung

Fabian Zschiesche

Zur Wirkung von Gewalt in Computerspielen. Eine zusammenfassende Darstellung

GRIN Verlag

GRIN - Your knowledge has value

Der GRIN Verlag publiziert seit 1998 wissenschaftliche Arbeiten von Studenten, Hochschullehrern und anderen Akademikern als eBook und gedrucktes Buch. Die Verlagswebsite www.grin.com ist die ideale Plattform zur Veröffentlichung von Hausarbeiten, Abschlussarbeiten, wissenschaftlichen Aufsätzen, Dissertationen und Fachbüchern.

Besuchen Sie uns im Internet:

http://www.grin.com/

http://www.facebook.com/grincom

http://www.twitter.com/grin_com

1. Allgemeiner Teil 2
  1.1 Mythen rund um Mediengewalt laut Anderson 2
  1.2 Definitionen und Begriffsklärungen 2
  1.3 Ursachen und Gründe für den „Konsum" Mediengewalt 2
    1.3.1 Ästhetische Funktionen (u.a. Thomas Hausmanninger) 2
    1.3.2 Evolutionstheoretische Ansätze (z.B. Joanne Cantor, Clark McCauley) 3
    1.3.3 Mood - Management (Zillmann und Bryant) 3
    1.3.4 Excitation - Transfer (Zillmann) 3
    1.3.5 Dispositionstheorie (Zilmmann) 3
    1.3.6 Sensation - Seeking (Marvin Zuckermann) 3
    1.3.7 Gruppenzugehörigkeit und Identitätsbildung (u.a. Zillmann) 3
    1.3.8 Angstbewältigung und Angstlust (z.B. Grimm) 4
    1.3.9 Aggressive Prädispositionen 4
2. Wirkung von Gewalt in Computerspielen 4
  2.1 Studien zur Wirkung von Mediengewalt 4
    2.1.1 General Aggression Model nach Craig Anderson 4
    2.1.2 Langzeitstudie von Jeffrey G. Johnson 4
  2.2 Wirkungspotential 5
    2.2.1 Gewaltgehalt 5
    2.2.2 Nutzungsmotive 5
    2.2.3 Verschieden Wirkungsweisen 6
    2.2.4 Verschiedene Wirkungsthesen 6
    2.2.5 Unterschiedliche Einflussvariablen 7
3. Medienpädagogische Maßnahmen 8
  3.1 Medienkompetenz 8
  3.2 Elterliche Maßnahmen 8
  3.3 Schulische Maßnahmen: 9
Literatur 9

1. Allgemeiner Teil

1.1 Mythen rund um Mediengewalt laut Anderson

- Mythos 1: Studien zu Gewalt in Videospielen haben sehr gemischte Ergebnisse hervorgebracht.
- Fakt: Sicher, empirisch können folgende Auswirkungen festgestellt werden: erhöhtes aggressive Verhalten und Gedanken, weniger Hilfsbereitschaft, psychologische Erregung
- Mythos 2: Es gibt keinerlei Studien, die gewalttätige Videospiele mit ernsten Aggressionen in Verbindung bringen
- Fakt: Viele gewalttätige Videospiele werden mit Delinquenz, Prügeleien in der Schule und Freizeit sowie gewalttätigem, kriminellen Verhalten in Verbindung gebracht
- Mythos 3: Wenn gewalttätige Videospiele Aggressionen fördern, müsste die Anzahl der Gewaltverbrechen in den USA steigen anstatt zu sinken
- Fakt: Damit man diese Kausalität herstellen kann, müssen drei Annahmen stimmen:
  - die Zahl der Stunden, die Jugendliche gewalttätigen Medieninhalten ausgesetzt sind muss steigen
  - die Zahl der Jugendkriminalität nimmt ab
  - Mediengewalt ist die einzige oder primäre „Gewaltquelle" die zur sozialen Gewalt beiträgt

1.2 Definitionen und Begriffsklärungen

- Aggression vs. Gewalt: Gewalt oftmals nicht näher definiert
- einheitliche Begrifflichkeit von verschiedenen Stellen gefordert → der Gewaltbegriff soll aus der Sicht des staatlichen Gewaltmonopols bestimmt werden
- Hans Mathias Kepplinger und Stefan Dahlem (1990) unterscheiden bei Mediengewalt zwischen natürlicher und künstlicher Gewalt sowie realer und fiktiver Gewalt
  - *real*: Präsentation von Verhaltensweisen, die physische und psychische Schädigungen beabsichtigen oder bewirken
  - *fiktional*: Präsentation von Verhaltensweisen, die dies nur vorgeben
  - *natürlich*: bedeutet die lebensechte Präsentation (z.B. Spielfilme)
  - *künstlich*: bedeutet die artifizielle Präsentation (z.B. Zeichentrick- oder Animationsfilme)
- weitere Unterscheidungen nach Kunczik, Merten, Mikos oder Gleich
- Nach Russell G. Geen als gängigste Definition verstanden: Gewalt ist die beabsichtigte physische und/oder psychische Schädigung einer Person, von Lebewesen und Sachen durch eine andere Person verstanden.
- Rezipientenspezifische Wahrnehmung und Beurteilung von Gewalt in Bezug auf Mediengewalt besonders wichtig → Grundannahme von Jean Piaget: zwei Typen von Moral → Wahrnehmung und Beurteilung von Handlungen abhängig vom Alter des Kindes
  a) Moral der Heteronomie: moralisches Denken gehorcht Prinzipien die von der einseitigen Achtung kommen (objektive Verantwortlichkeit)
  b) Moral des inneren Gesetzes: Prinzipien, die von der gegenseitigen Achtung herrühren
- Grenze zwischen ca. sieben und acht Jahren, so wie es auch Kohlberg sieht → Schwere des zugefügten Schadens und die Absicht des Angreifers können bei der Beurteilung mit berücksichtigt werden

1.3 Ursachen und Gründe für den „Konsum" Mediengewalt

- nach Jürgen Grimm wichtig, um die Verarbeitungsmechanismen und Wirkungen verstehen zu können: „Ohne Zuwendungsattraktivität keine Rezeption, ohne Rezeption keine Wirkung von Fernsehgewalt."

1.3.1 Ästhetische Funktionen (u.a. Thomas Hausmanninger)

- Friedrich Nietzsche: höhere Kultur beruht fast ausschließlich auf Grausamkeit
- Gewalt besitzt per se einen gewissen Reiz, wird unabhängig vom Kontext als angenehmer Sinneseindruck wahrgenommen (empirisch nicht belegt)
- Funktionslust auf 3 Ebenen:
  - sensomotorische Ebene
  - emotionale Ebene
  - kognitive Ebene
- Hausmanninger: keine Abstumpfung durch intensive Nutzung von Gewaltfilmen, „sondern vielmehr zur Suche nach differenzierterer Anregung und zunehmender Bedeutung der kognitiven Ebene sowie des metatextuellen Vergnügens..."

1.3.2 Evolutionstheoretische Ansätze (z.B. Joanne Cantor, Clark McCauley)

- Reiz des Neuen und Ungewöhnlichen verantwortlich für die Attraktivität der Mediengewalt
- ebenfalls nicht empirisch belegbar
- Voyeurismus: ergötzen am Leid anderer, Faszination, die es nicht im Alltagsleben zu sehen gibt
- Gewalttätiges Verhalten als wichtiger Anpassungs- und Durchsetzungsmechanismus in der Entwicklung des Menschen → Männer aggressiver als Frauen

1.3.3 Mood - Management (Zillmann und Bryant)

- Postulat: menschliches Verhalten hedonistisch motiviert und bestimmt
- Ziel: Maximierung von Freude und Minimierung von negativer Affekte
- Stimmungsregulierung durch Medien
- Gewalthaltige Programme attraktiv, weil sie ein zu geringes Erregungsniveau anheben

1.3.4 Excitation - Transfer (Zillmann)

- Mit der Mood - Manegement Theorie kompatibel: Erregungszustände verstärken auch die Intensität von Gefühlen, die mit dem erregungsauslösenden Stimulus nicht verbunden sind
- Erhöhte Furch → erhöhte Erleichterung bei gutem Ausgang
- „Winning Formula": je intensiver die während des Spannungsaufbaus erzeugte negative affektive Reaktion sei, desto größer sei die durch Spannungslösung erreichbare Erleichterung

1.3.5 Dispositionstheorie (Zilmmann)

- positives Ende ebenfalls wichtige Voraussetzung
- Rezipienten reagieren auf Mediendarstellungen genauso wie auf Ereignisse im echten Leben
- Bildung von Sympathien und Antipathien → Gewalt wird so lange gerne konsumiert, wie der unsympathische Protagonist der Leidende ist und das Leiden als eine Art gerechte Bestrafung empfunden werde
- Wiederherstellung von Gerechtigkeit lässt auch ängstliche Personen (nach Mood - Management eigentlich nicht) zB Krimis gucken, da ihnen dadurch ein Sicherheitsgefühl vermittelt wird

1.3.6 Sensation - Seeking (Marvin Zuckermann)

- Postulat: es gibt Individuen, die sich chronisch auf der Suche nach Erregung befinden mit dem Ziel eine „optimale" Stimmung zu erreichen
- erhöhtes Reizniveau muss befriedigt werden, wobei diese „besonders starken" Reize generell nur kurz wirken, so dass es zu einer schnellen Abnutzung/Abstumpfung kommt → aktive Suche nach neuen Reizen
- Uli Gleich: nur bestimmte, individuell als belohnend empfundene Reize erfüllen diese Kriterien → Computerspiele besonders reizvoll, da diese nicht-alltägliche Situationen darstellen können
- Grimm: Erlebnissuche im Fernsehen → ungefährliche Möglichkeit der Gefühlsanregung für Menschen mit emotionalen Schutzansprüchen
- weitere Ausdifferenzierung notwendig, weil reale Stimuli nicht die gleichen Funktionen wie mediale Stimuli erfüllen

1.3.7 Gruppenzugehörigkeit und Identitätsbildung (u.a. Zillmann)

- Besondere Bedeutung von Peer Groups: Gruppenzugehörigkeit als Grund für den Konsum von Gewaltfilmen, um „mitreden" zu können, nicht als Feigling dazustehen und Mut zu beweisen
- gemeinsame Rezeption furchterregender Inhalte stärkt das Gemeinschaftsgefühl
- Konsum brutaler Medieninhalte als Bestandteil einer Jugendkultur in diesem Rahmen auch als Protest und Abgrenzung gegenüber den Erwachsenen (Eltern& Lehrer) → Jugendcliquen als Identitätsmärkte, wo Jugendlich ihre Selbstdarstellungsstrategien erproben können
- Für Christian Büttner stellt die Mediengewalt vielmehr eine Art Ritual während Übergangsphase vom Jugendalter zum Erwachsenwerden dar (besonders bei Jungs), bei dem die Angst vor dem Schritt in die Erwachsenenwelt überwunden wird

1.3.8 Angstbewältigung und Angstlust (z.B. Grimm)

- Konsum medialer Gewalt als Instrument zur Angstreduktion →ängstliche Personen identifizieren sich z.B. mit Helden aus Actionfilmen
- Angst als Zuwendungsmotiv für z.B. Horrorfilme →um entweder Erlebnisidentiäten zu erreichen, die eigenen Stimmungen zu regulieren oder um sich probeweise mit dem Angstmachenden auseinanderzusetzen
- Ängste der Jugendlichen werden in vielen Filmen aufgegriffen →wichtig für eigene Identität
- Schwierig zu beweisen, dass der Konsum von Gewalt der Reduktion von Angst dient, teilweise aber anzunehmen
- nach Grimm setzen sich ängstliche Personen bewusst mit kritischen Gefühlskomplexen auseinander, um durch diesen Stimulus auch die Bearbeitung und Kontrolle dieser Gefühle zu aktivieren, was wiederum auch zu einer Abschwächung der emotionalen Disposition führen kann
- Angstlust: entsteht, wenn sich Individuen absichtlich in „Gefahr" begeben →in der Hoffnung diese überwinden und dadurch Sicherheit wiederzugewinnen

1.3.9 Aggressive Prädispositionen

- Viele Studien können belegen, dass Individuen die bereits violente Prädispositionen besitzen in besonderem Maße gewalttätige Medieninhalte konsumieren
- Kausalitätsausrichtung allerdings nicht eindeutig zuzuordnen →Wechselwirkung wahrscheinlich
- Als Ziel des TV-Gefühlsmanagement scheint dazu zu dienen Reibungsflächen zwischen Individuum und Umwelt spielerisch abzuarbeiten

2. Wirkung von Gewalt in Computerspielen

2.1 Studien zur Wirkung von Mediengewalt

2.1.1 General Aggression Model nach Craig Anderson

- Modell, welches die Schlüsselideen verschiedener Modelle integriert: Lerntheorie, Priming, Skript-Theorie und Excitation Transfer Modell
- Annahme: Ausübung von Gewalt basiert vor allem auf dem Lernen, der Aktivierung und der Anwendung aggressionsbezogener, im Gedächtnis gespeicherter Wissensstrukturen
- Drei Hauptkomponenten: Input Variablen (Person und Situation), der gegenwärtige innere Zustand des Individuums und Ergebnisse, die aus verschiedenen Einschätzungs- und Entscheidungsprozessen gewonnen werden
- Wirkungspfade verändern inneren Zustand des Individuums:
  - Kognitionen: bei wiederholter Aktivierung aggressiver Konstrukte bzw. Skripts, sinkt die sog. Aktivationsschwelle →entspr. Informationen immer leichter und am Ende chronisch zugänglich
  - Affekte: Zustand der Feindseligkeit durch Input Variablen möglich →steht mit verschiedenen Persönlichkeitsvariablen im Zusammenhang
  - Erregung: vgl. Affekte →Zustand erhöhter Erregung, der bereits vorhandene Handlungstendenzen verstärkt, zB aggressive Verhalten
- Fazit: aggressive Medieninhalte, können aggressives Verhalten steigern
- Modell bezieht sich aber nicht nur auf kurzfristige Effekte →diese akkumulieren sich im Laufe der Zeit →wiederholte Stimuli (zB Mediengewalt) sorgen für bestimmte soziale Wissensstrukturen →Individuen lernen wie man Ereignisse in seiner Umgebung wahrnimmt, interpretiert, beurteilt und beantwortet
- Fünf Faktoren, die zu einer Verfestigung einer aggressiven Persönlichkeit führen können:
  - Überzeugungen und Einstellungen, Wahrnehmungsschemata, Erwartungsschemata, Verhaltensskripte und Desensibilisierungseffekte
- Fazit: Keine großartigen neuen Erkenntnisse im Vergleich zur Lerntheorie, Bedarf an Konkretisierung hinsichtlich des Zusammenspiels verschiedener Faktoren

2.1.2 Langzeitstudie von Jeffrey G. Johnson

- In der Presse als endgültiger Beweis begriffen, dass Mediengewalt auch reale Gewalt bedeutet (u.a. FAZ und Spiegel) →Studie jedoch mit großer Vorsicht zu genießen
- Teilnehmer: 707 Familien mit einem Kind (51% männlich, zwischen 1 und 10 Jahren) aus zwei Counties im nördlichen NY, 91% weiß

- Interviews mit den Familien wurden 1975 (Durchschnittsalter: 5,8 Jahre), 1983 (13,8), 1985/86 (16,2) und 1991-1993 (22,1) und 2000 (30) durchgeführt
- Fernsehkonsum durch getrennte Befragung von Müttern und Kindern ermittelt
- Ebenso berücksichtigt: Einkommen, Bildungsstand, Intelligenz, Vernachlässigung während der Kindheit, Charakteristika der Nachbarschaft, Aggressionsverhalten Gleichaltriger und Schulgewalt
- Bei dem Ergebnis der Studie wurde wie folgt unterschieden:
  - Drei Formen aggressiven Verhaltens
  - Drei „Formen" des Fernsehkonsums
- Ergebnisse:
  - Von den Jugendlichen (14 Jahre) mit mehr als 3h TV Konsum zeigten später mehr Aggressionen und Gewalt
  - Ähnliches Bild für die 22 jährigen
  - Bei den Frauen nur im zweiten Abschnitt signifikante Zusammenhänge zu beobachten → Johnson führt dies auf die weniger gewalttätigen Fernsehsendungen zurück, die Frauen bevorzugen
  - weitere Befunde: Gewalt im Alter von 16 Jahren → mehr Fernsehkonsum im Alter von 22 Jahren was auf eine wechselseitige Beziehung zwischen Fernsehgewalt und Fernsehkonsum zurückzuführen ist
- Große Schwächen der Studie:
  - eventuell doch nicht alle aufgeführten Kriterien berücksichtigt → kein echter Kausalnachweis möglich
  - Fernsehkonsum nur durch „Selbsteinschätzung" bewertet und die „Art" der Sendungen nicht berücksichtig
  - Also bleibt die Vermutung, dass diejenigen, die mehr Fernsehen, auch mehr Gewalt sehen und dadurch aggressiver werden eine empirisch nicht belegbare Vermutung
  - Durchführung und Auswertung zudem nur rudimentär dokumentiert, veröffentlicht und missverständlich dargestellt → methodische Kritik: die Daten könnten auch die Harmlosigkeit von Fernsehkonsum unterstrichen haben

2.2 Wirkungspotential

2.2.1 Gewaltgehalt

- Wenig empirische Studien zum Thema Gewalt in Computerspielen → Problem des nicht genau definierten Begriffes „Gewalt"
- National Television Violence Study von Stacy L. Smith, Ken Lachlan und Ron Tamborini (2003): Vergleich der bekanntesten 60 N64, PS und Sega Spiele → Ergebnis: 68% der Spiel enthielten Gewalt, Imitationsrisiko nicht sehr hoch, da die „Helden" selten attraktiv dargestellt wurden.
- besonders auffällig, dass bei Spielen für ältere Spieler 90% Gewalt enthielten und in diesen vor allem Feuerwaffen eingesetzt wurden, in Spielen für jüngere Spieler eher „natürliche" Waffen, was jedoch eher zu einer Imitation von Gewalt führen kann (leichte Zugänglichkeit)
- Wiederholung von Gewaltakten in Spielen für ältere Spieler besonders „gefährlich"

2.2.2 Nutzungsmotive

- *Herausforderung, Wettbewerb und Erfolg*: Weiterentwicklung der eigenen Fähigkeiten und Wettbewerb mit anderen Mitspielern
- *Ausübung von Macht und Kontrolle*: interaktiver Charakter von PC Spielen bietet in der virtuellen Welt die Möglichkeit Macht und Kontrolle auszuüben - im echten Leben ist den Spielern dies oft verwehrt → Gewalt als sehr deutliche Form von Macht und Kontrolle
- *Identitätsbildung*: Identitätsentwürfe erproben, Spielfiguren als Vorbilder → Erfolge im Spiel können sich auch positiv auf die reale Lebenswelt ausüben
- *Eskapismus*: Flucht aus dem Alltag → Inhalte und Notwendigkeit sich voll auf das Spielgeschehen zu konzentrieren
- *Flow Erlebnis*: „Flow" als emotionaler Zustand, bei dem der Spieler völlig mit dem Spiel verschmilzt → Handlungen folgen aufgrund einer inneren Logik, ohne bewusstes Eingreifen des Handelnden → dieser nimmt kaum eine Trennung zwischen sich und der Umwelt, zwischen Stimulus und Reaktion, oder zwischen Vergangenheit, Gegenwart und Zukunft war. Fünf Elemente zeichnen das Flow-Erlebnis aus:
  c) Verschmelzen von Handlung und Bewusstsein → eigene Person wird im Flow-Zustand nicht reflektiert
  d) Akteur muss steuernde Instanz bleiben, Ausgang muss ungewiss, aber von den Fähigkeiten des Handelnden abhängig sein, die Aufgabe dabei zu bewältigen sein → der Flow wird dann erreicht,

wenn ein Gleichgewicht zwischen Handlungsanforderungen und den eigenen Fähigkeiten und den Handlungsmöglichkeiten besteht
e) Flow erfordert große Konzentrationsleistungen → Umwelt wird nicht mehr wahrgenommen ebenso Gedanken über die Folgen der ausgeübten Tätigkeit ausgeblendet (Zeitgefühl geht ebenfalls verloren)
f) Flow stellt sich nur ein, wenn der Handelnde das Gefühl hat, alles unter Kontrolle zu haben → Zufall darf keine große Rolle spielen
g) Eindeutige Handlungsanforderungen und eindeutige Rückmeldungen
→Gefühl der potentiellen Kontrolle während eines Flows → eigene Identität kann vorübergehend vergessen werden → Problem: man findet den Prozess intrinsisch belohnend → Selbstvergessenheit, Vergessen von Problemen, Verpflichtungen, Sogwirkung und Suchtpotenzial

2.2.3 Verschieden Wirkungsweisen

a) Erhöhung des (psychologischen) Erregungsniveaus
- Beschleunigung des Pulses und Erhöhung des Blutdrucks
- Aber: diese Erregung muss nicht unbedingt zu aggressiven Verhalten führen

b) Förderung aggressiver Kognition
- aggressive Gedanken können gefördert werden
- verschiedenen Studien und Untersuchungen weisen hier unterschiedliche Ergebnisse auf

c) Förderung aggressiver Emotion
- Computerspiele führen zu Frustrationsgefühlen (diese werden aber nicht durch violenten Inhalt sondern durch mangelnden Spielerfolg verursacht)
- In verschiedenen Studien wurde festestellt, dass gewalttätige Computerspiele mehr zu positiven Emotionen (z.B. Vergnügen oder Heiterkeit) als zu Zorn oder Aggression führen

d) Förderung aggressiven Verhaltens
- Experimental- und Befragungsstudien zeigen, dass violente Computerspiele in der Lage sind, gewalttätiges Verhalten auszulösen.

e) Reduktion prosozialen Verhaltens
- violente Computerspiele reduzieren prosoziales Verhalten

2.2.4 Verschiedene Wirkungsthesen

- Wirkungsmechanismen gewalttätiger Computerspiele sind noch relativ unklar. Somit werden hier meist Theorien herangezogen, die bereits aus der Fernsehgewaltforschung bekannt sind

a) Katharsisthese
- Definition: Ausführung eines jeden aggressiven Aktes bewirkt eine Verminderung des Anreizes zu weiterer Aggression
- Es gibt zwar Hinweise, dass Computerspiele zum Aggressionsabbau gespielt werden, die bisherigen Untersuchen hierzu sind aber noch nicht wirklich aussagekräftig
- Misserfolge im Spiel können die aggressive Stimmungslage möglicherweise noch verstärken

b) Habitualisierungsthese
- Definition: ein einzelner Film bzw. Fernsehwerbung oder das einmalige Spielen eines gewalttätigen Computerspieles führt nur in sehr seltenen Einzelfällen dazu, dass sich Einstellungen dauerhaft ändern oder Persönlichkeitsstrukturen modifizieren, langfristige oder kumulative Effekte dagegen zeigen andere Wirkungen
- Untersuchungen zeigen einen positiven Zusammenhang zwischen einem langfristigen Konsum violenter Spiele und geringen Empathiewerten bei der Beurteilung der Alltagsituation
- Gewalttätige Computerspiele führen zu einer positivere Einstellung zu Gewalt

c) Transfermodell
- Reizeindrücke aus der einen Welt müssen durch eine Übertragung von Erfahrungen in die andere Welt transformiert werden.

- „Ob es zu einem Transfer z.b. zwischen Spielwelt und realer Welt kommt und die transferierten Inhalte dann auch verhaltenswirksam werden hänge davon ab, wie die normalerweise stattfindende „Adäquanzprüfung" des Bewusstseins ausfällt."
- Zwischen realer und medialer Welt Gewalt (z. B. Computerspiele) bestehen sehr viele Unterschiede, so dass Transfereffekte doch sehr unwahrscheinlich sind
- Da in Computerspielen eher „saubere" Gewalt gezeigt wird, sind diese weniger bedrohlich oder angsterregend und werden als spannend empfunden
- Durch die künstlichen Darstellungen fehlt teilweise eine Identifikation mit den Computerspielfiguren
- Außerdem weist die Gewalt in den Computerspielen einen völlig anderen Sinnzusammenhang auf als die Gewalt in der Realität
- Somit geht nach der Interpretation der Forscher von Computerspielen vermutlich keine große Gefährdung aus.

d) These der Wirkungslosigkeit ?????????
- Definition: Die in den Medien gezeigte Gewalt ist für die Genese realer Gewalt bedeutungslos (es werden nur sozial integrierte Menschen betrachtet)
- Nach dem derzeitigen Forschungsstand besteht zwischen Mediengewalt und realer Gewalt kein Zusammenhang (Korrelationskoeffizient geht gegen null)

e) Suggestionsthese
Ich denke das lassen wir weg! Das wird alles viel zu lang!!!!

2.2.5 Unterschiedliche Einflussvariablen

a) Personenvariablen
- stärkste untersuchte Einflussvariable
- Alter und Entwicklungsstand werden besonders betrachtet
- heranwachsende haben den höchsten Konsum an Computerspielen besonders in einer Zeit, in der biologischer und psychosozialer Veränderungen stattfinden
- es gibt weder signifikante Alters- noch Geschlechtunterschiede
- aggressives Verhalten war bei beiden Geschlechtern feststellbar
- es gibt einen negativen Zusammenhang zwischen der Selbstachtung und der Häufigkeit des Spielkonsums

b) Soziales Umfeld
- bei einer guten Integration der Kinder und Jugendliche in ein intakten und einflussreichen Elternhauses führt zu einem geringeren Konsum gewalttätiger Computerspiele
- Jugendliche, die sich überwiegend in einer Clique aufhalten, sind besonders fasziniert von solchen Spielen
- Besondere Bedeutung hat die Regulierung der Eltern sowie eine gute Eltern-Kind-Beziehung

c) Situative Einflüsse
- wurde bisher wenig untersucht
- **„Rachemotiv"**
- der Zusammenhang zwischen violenten Computerspielen und violenten Verhalten ebenso wie zwischen einer aggressiven Persönlichkeit und einem aggressiven Verhalten werden teilweise durch ein Rachemotiv vermittelt
- **„Wettbewerbsaspekt"**
- Ein Spiel gegen einen Computer löst ein höheres aggressives Verhalten aus, als ein Spiel geben eine andere Person (höhere soziale Normen)
- bei Belohnungen findet ein Anstieg violenter Spieloptionen statt, ohne Belohnung dagegen nicht
- eine kürze Spieldauer führt zu gewalttätigeren Handlungen als eine längere Spieldauer (zu Beginn ein höherer Erregungsaspekt, der mit der Zeit wieder abfällt)
- elterliche Bemühungen die Spielzeit ihrer Kinder zu beschränken könnten somit kontraproduktive Prozesse nach sich ziehen

d) Inhaltsvariablen
- Spiele in den Phantasiegestalten oder Menschen Gewalt auslösen, haben größere Effekte, als Spiele in denen die dargestellte Gewalt in Verbindung mit Sport steht
- Es gibt aber keine Unterschiede, ob sich das Spiel gegen Menschen richtet, die rotes Blut vergießen oder gegen Aliens mit grünem Blut
- Belohnungen (z.b. zusätzliche Punkte) führen zu einem Anstieg der feindseligen Emotionen, Gedanken und Verhaltensweisen
- Bei Spielen ohne Belohnungen kam es lediglich zu einer Zunahme der feindseligen Gefühlen

3. Medienpädagogische Maßnahmen

3.1 Medienkompetenz

Unterscheidung in vier Dimensionen:
a) Medienkritik:
Fähigkeiten die medialen gesellschaftlichen Prozesse analytisch zu durchdringen und reflexiv auf das eigene Handeln anwenden zu können (unter ethnischen, sozialverantwortlichen Gesichtspunkten)
b) Medienkunde:
Förderung der technischen Handhabung von Mediengräten)
c) Mediennutzung:
Erwerb von Fähigkeiten sowohl zur rezeptiven als auch zur interaktiven Nutzung
d) Mediengestaltung
Fähigkeiten zur innovativen und kreativen Gestaltung

3.2 Elterliche Maßnahmen

- **Restriktive Interventionsstrategien** (Eltern schränken den Fernsehkonsum ihrer Kinder ein und erlassen Regeln
- **Aktive Interventionsstrategie** (Eltern sprechen mit ihren Kindern über das Fernsehen; je nachdem wie die Eltern die jeweiligen Medieninhalte beurteilen kann zwischen negativer, positiver und neutraler aktiver Intervention unterschieden werden
- **Gemeinsames Fernsehen** (Eltern schauen mit ihren Kindern gemeinsam fern)

Ergebnisse der Forschungen:
- restriktive Maßnahmen können bei jüngeren Kindern effektiv sein, bei älteren dagegen kontraproduktiv
- kritische Kommentare der Eltern während des Fernsehens können negative Folgen des Konsums von Fernsehgewalt auf das Verhalten und die die Einstellungen von Kindern reduzieren
- neutrale Äußerungen oder der Verzicht auf Bemerkungen bewirken den gleichen Effekt, als wenn Gewalt gutgeheißen wird
- Interventionen, die ich auf den Realitätsgehalt der Mediendarstellungen beziehen sind verhältnismäßig wirkungslos
- Effektiv sind dagegen Botschaften, die Kinder zu ermutigen, die Opferperspektive einzunehmen
- Studien mit jüngeren Probanden zeigen keine oder eher geringe Effekte aktiver Interventionsstrategien
- Ältere Kinder sprechen besser auf Maßnahmen an, die ihr kritisches Denken anregen, als auf offenbar zu belehrend gefunden Statements

3.3 Schulische Maßnahmen:

- schulische Programme zur Förderung der Medienkompetenz sind durchaus Erfolgs versprechend
- Erfolge von Lerneinheiten zu „Medien und Gewalt" sind nur von kurzer Dauer und müssen über einen längeren Zeitraum wiederholt werden
- Programme zur Reduzierung schädlicher Wirkungen von Gewalt sind bei Kindern zumeist nicht in der Lage, die Anziehungskraft gewalthaltiger Inhalte sowie deren Konsum zu verringern
- Maßnahmen, die den Fernsehkonsum drosseln scheinen allerdings auch die negativen Effekte von Mediengewalt zu reduzieren
- Bei älteren Kindern zeigen Ansätze, die das kritische Denken anregen bessere Erfolge als Belehrungen

Literatur

Kunczik, Michael, Zipfel, Astrid: Gewalt und Medien. Ein Studienhandbuch, Köln, Weimar, Wien [5]2006.

BEI GRIN MACHT SICH IHR WISSEN BEZAHLT

- Wir veröffentlichen Ihre Hausarbeit, Bachelor- und Masterarbeit

- Ihr eigenes eBook und Buch - weltweit in allen wichtigen Shops

- Verdienen Sie an jedem Verkauf

Jetzt bei www.GRIN.com hochladen und kostenlos publizieren